ISIVIVANE

Mthunzi Mbhele

Izinkondlo zesiZulu

www.bhiyozapublishers.co.za

Isivivane

(A pile of stones)

Bhiyoza Publishers (Pty) Ltd

Johannesburg, South Africa

Bhiyoza Publishers (Pty) Ltd
PO Box 1139
Ridgeway
2099

Email: info@bhiyozapublishers.co.za
www.bhiyozapublishers.co.za

First edition, first impression 2020
ISBN: 978-1-990940-01-9
Cover design: Yanga Graphix (Pty) Ltd
Layout and typeset: Yanga Graphix (Pty) Ltd

Okuqukethwe

Isethulo

Leli yiqoqo lezinkondlo lombhali ongayedwana. Lona ngumzamo wami wokuqala enginethemba lokuthi uzolandelwa ngeminye imisebenzi ehlabahlosile. Nokho, yize kungumsebenzi wami wokuqala lona ngizamile ngakho konke okusemandleni ukuthi ngibe sesilinganisweni sokulobela ubunkondlo. Lapha ngiphosa itshe esivivaneni sikaNolwazi endimeni yokucikoza ngolimi lwebele. Uhlobo lwezinkondlo oluqukethwe yileli qoqo lwehlukahlukene; phakathi kwazo kukhona eziyimithandazo, kukhona ezifundisa ngamasiko nemikhuba eyenziwa esiZulwini, kukhona ezelulekayo ngokunyathela kwabantu ezweni, ikakhulukazi abasha, kanjalo nalezo ezincoma amagalelo abantu abavelele, ikakhulu futhi bona abasebasha ngoba ukuvelela kwabo kwabakwenzayo kimina kusho ukuvelela kwesizwe sonkana.

Isihloko sencwadi sithi Isivivane. Ngokwemibhalo ehlukahlukene esinayo esintwini sonkana, igama isivivane lisho inqumbi yamatshe abuthelwe ndawonye. Ngokomlando kukhona izindawo ezazihlonzwe njengezindawo ezingcwele esintwini sakoBantu. Lezi zindawo-ke ezinye zazo kwakufanele ukuthi uthi lapho wedlula ngakhona ucoshe itshe uliphose kuyo inqumbi leyo. Lokho kwakuthathwa njengophawu lokupheleliswa ohambweni lwakho lwempilo, nokuyinto eyayenza ukuthi yilowo nalowo ophilayo kuleso sizwe abe

5

nokulangazelela ukuthi kungenzeki ukuthi aze aficwe ukufa engazange aphose itshe esivivaneni. Ukuthola ithuba lokuba uphose itshe esivivaneni kwakuyinkomba yokuthi uhambe ukuhamba okuhle, uhambo lwakho luphelelisiwe.

Mina-ke njengo muntu olitholile ithuba lokuba ngifike esikhungweni semfundo ephakeme lo mzamo wami yindlela engibeka ngayo uphawu, okuwuphawu lokukhomba ukuthi nebala nami le ndlela yakwaNqondonkulu ngake ngayihamba, ngayihamba ngempumelelo.

Ngala mazwi ngithi nansi isogqokweni idubukele.

Ngu-Mthunzi Welcome Mbhele

Umfana kaThokozile Florence Nkomzwayo

e- Limehill

Wasbank

Amazwi okubonga

Ngithanda ukuthatha leli thuba ukubonga bonke abantu abadlale indima empilweni yami ukuze ngibe lapho engikhona. Abaningi babo badela okuningi ngabo ukuze mina ngiphumelele. Ngiphakamisa isandla kubazali bami ikakhulukazi kumama wami owalendulela leli uThokozile Florence Nkomzwayo, owangitshela ngokubaluleka kwemfundo kusukela ebuncaneni bami, waphinda waqinisekisa nokuthi izidingo zesikole ngihlale ngizithola; ngithi ulale kahle Mashishiwane, Mlotshwa, Mkhombe kaBhazwana; imizamo yakho iyohlale ibonakala kimi. Ngingakhohlwa kanjani kodwa umndeni wami wonke; umkami uMaHlatshwayo kanye nabantwana bami bonke.

Ngiphinde ngethulele isigqoko uMenzi Thango ongumqondisi wenkampani iBhiyoza Publishers ngokunginika inkundla yokuba ngikwazi ukubonakalisa ubukhoni bami, kanjalo nasekutheni angigqugquzele.

Ngithi unwele olude Bhiyoza ngomkhonto abafokazana bebhiyoza ngothi!

7

1. Omnyama komnyama

Inxiwa lothando selwakh' inzondo

Inxiwa lemfudumalo selwaphenduk' oleqhwa

Umlilo besiwuphembel' ukushay' esentwala

Umlilo sesiwuphembel' ukukhihl' isililo

Omnyama komnyama, kungani?

Bakh' umkhany' ibambe ngakho

Bayiqhathe bayishiy' ibambe ngakho

Ashile, ziyosengwa yinkehli

Ashile, ziyokhala ziyotheza

Omnyama komnyama, kungani?

Umfowabo kamfowethu bengimethembile

Udadewabo kadadewethu bengimkhonzile

Ngambona kwabhakuz' isifuba yinjabulo

Ngimbona qede kubhakuz' isifuba yingebhe

Omnyama komnyama, kungani?

2. Akathembekile

Ngilishiye lapho ngalithola lapho,

Ngimshiye lapha ngamthola laphaya,

Savumelana ngalokhu nalokhuya,

Sesiphikisana ngalokh' nalokhuya,

Impela lithembekile kunam' naye.

Amakhaz' asiququde sancama sinaye,

Ukuthokomala kumdidil' eseyedwa,

Amagquma namathafa siwadundubale naye,

Senz' isifung' omunye komunye sokuthi,

Nakanjan' othol' intuba kuqal' uyomtakul' omunye,

Kepha, phind' akubanganjalo,

Intuba yomehlel' ivelele yena kuqala

Wazishay' indiv' izethembiso nezifungo

Esazenzayo omunye komunye

Umehlel' umvumil' eseyedwa

Wantininiza ngejubane wangilibala

Wothembitshe kunomuntu wakwaMhlaba

Impela lithembekile kunomuntu.

3. Vuk' uzithintithe

Bekungelahleke lutho kodw' ingebhe

Ukuzigqaja nakanjani bekuyoyithol' indawo

Bekungelahleke lutho kodw' ukuzenyeza

Ukuzethemba kona bekuyobakhona

Vuk' uzithintithe

Bekuyovuthuluk' ububha nezinxabo

Ukunethezeka bekuyoba yinto yemihla

Bekuyovuthuluk' ufasimba lweminyaka

Ukukhanya kweminyaka bekuyoqina

Vuk' uzithintithe

Khomb' iphambili lephambili

Libal' imuva ngemuva

Nqob' ikusasa namhlanje

Yeyis' inamuhla kusasa

Vuka'uzuthintithe

Imigoq' uyakhile, imigoq' uzoyidiliza

Iminyang' uyihluthulele, iminyang' uzoyivula

Banqumile baphetha ngawe wananela

Banqumel' uphethe ngawe bananele

Vuk' izithintithe

4. Dlala sidlale, kuzodlaleka

Umdlalo wamandla umdlalo wengqondo

Uphezul' umhlomulo, kungangokwenza kwakho

Uphambil' umhlomulo, kusemuv' okunye

Mhlomulo low' oyohlomulis' oyedwa

Yiny' inkundla, muny' umdlalo, liny' ithuba

Isagwac' esihl' esiyosuka kuqala

Impangel' enhl' ekhal' igijima

Dlala sidlale, kuzodlaleka

Umdonsiswano wamandl' umdonsiswano,

Ngisabakhathalele kusafanelekile kuyeza

Ngiyohlal' esicongweni ngabo

Ngizobalibala kuzofaneleka kwedlulile

Bangibekil' esicongwen' angisabadingi

Bangethembil' ukuba ngidlal' eyam' indima

Banginikil' ithub' ebengilicelile

Dlala sidlale, kuzodlaleka

Bangidinelwe, kangibadinelw' umdlalo

Bebengithembile, bengibadinga.

Abasangiding' abasangethembile.

Izethembiso ngizephulile futh' angikhathali

Inkukhu yakhele ngamaqub' enye

Utshan' obulele buvuswa ngomlilo

Sifunda ngamaphuth' ayizolo

Dlala sidlale, kuzodlaleka.

5. Umhlaba wami

Umhlaba wam' usemhlaben' omkhulu,

Umhlab' omkhul' usekel' umhlaba wami,

Umhlaba wami wakhiw' lizolo,

Maye! Langiyal' izolo,

Alizange lithi vu ngenamhlanje.

Okwayizolo kwedlulile

Umhlaba wam' usebenza namhlanje,

Umhlaba wam' uyize leze!

Umhlaba wami ngiwakhe kabi,

Ngiwakh' esihlabathin' uyabhidlika,

Ngiwakhe ngamev' uyangihlaba,

Kwang' umhlab' omkhul' ungapheliswa,

Awuphel' owam' ozophel' uphele nami,

Phinde neze, yembul' ikhas' elisha,

Limadixa ngenxa yokulob' ekhasin' eledlulile

Umhlab' uyahlonishwa!

Bengith' umhlab' awunaqiniso kimi,

Ongenaqinis' emhlabeni yim' uqobo.

Mhlab' omkhulu kuphelil' okwam' ukwazi

Mhlab' omkhulu nginik' ithuba,

Ithuba lokubumba kabusha.

Alusekubakhon' eliny' ithuba.

Ithuba liba linye vo!

Umhlab' awuchwenselw' uzokuhlaba!

6. Abantabami- (Ayabonga Mbhele)

Usizi nezinyembezi,

Ngith' usizi nezinyembezi,

Sekwaba yinsakavukela,

Umchilo wesidwaba,

Ngikubona konke, kodwa,

Abantabami.

Ubon' isicathulo sam' sidabukile,

Akukon' ukuzikhethela kwami,

Yinkomba yosizi nezinyembezi,

Ngifun' isixazulul' esisheshayo,

Pho! Abantabami

Esikhulu bekuyibhodlel' eligayiwe,

Impela ngizobe sengisusiw' osizini,

Kodw' unembez' uyangilahla,

Kuzokuba yini ngabantabami,

Awu! Abantabami

Kuzokub' usizi lwaphakade.

Kubi, kubi kakhulu, ngingekho,

Kungcono, kungcono kakhulu ngikhona,

Ngiyimizamo yabo, ngilithemba labo,

Maye! Ngabantabami.

7. Isikhathi

Thokolothemb' ummang' uyehlela,

Konke kunesikhathi sakho,

Ilanga liphuma lishone ngesikhathi,

 Mus' ukuphang' umdaka linganile,

Akusikh' ukuthi ngeke kwenzeke,

Okuyikh' ukuthi kwenzeka nini,

Iskhathi saziw' umniniso.

Ngake ngazibuza ngaziphendula,

Ngake ngazivumela ngaziphikisa,

UNokubekezel' uzal' uNompumelelo,

Konke kunesikhathi sakho, bekezela kuzolunga,

Sekusele kancane,

 Khumbul' isisho sabadal' esithi

Kuba mnyama kakhul' uma sekuzosa

Okuze kungesikhathi sakho

Kuzokushiya kungesikhathi singakanani.

8. Sabela

Sabel' uyabizwa,

Ubizwa kwaNgqondonkulu,

Sabel' uyabizwa,

Imigoqo yenkec' iwile,

Iwisw' ikomkhulu,

Ikomkhulu lisabela

Ikhwelo lamadelakufa.

Sabel' uyabizwa,

Kudal' uhlel' ulindile,

Okwesishosha silind' ukuphulukisw' eJoridane,

Ithuba lifikile, phoseka phakath' uphulukiswe,

Iwil' imigoq' ebikunqind' amandla,

Iwil' imigoq' ebivimb' ikusasa lakho,

Imigoqo yawondlebe zikhany' ilanga.

Sondel' uzoncind' odengezini,

Lolu, ludengezi lwempilo,

Lolu, ludengezi lolwazi,

Sondel' uzoncind' uziqinise,

Sondel' uzonuka fun' uhabule.

Fun' abakhunkuli bakugadl' untekenteke.

Sondel' untongel' eshungwini lolwazi,

Ubhem' ukholw' uthimul' okuyikho,

Uthimule bakuvumele.

Sondel' uzoklez' ogwansile,

Umkhawulo kasiwazi,

Kulalwa kuyilokhu kuse sekuyilokhuya,

Kungenzeka kus' isiyisigqala.

Phuthum' uzoshuk' esakh' isiphuku,

Lifudumele namhlanje, kusasa libafazi bedub' inyama,

Fun' ishweza lizikholise ngawe.

Phuthum' uzoqoph' elakh' ihawu,

Ingagasela noma kunini,

Igasel' ingalayezanga nakulayeza,

Funa zikunethe bukhoma.

9. Madelakufa

Madelakufa niwuqophil' umlando,

Niyibekil' induk' ebandla,

Niludlil' ubhed' ufakazi yimi,

Banibuka baneya,

Baningxibha banicofula,

Bath' aniyukubabeka myocu,

Nababek' inkamba beyibuza.

Bathi niyabhibhidla, kanti kubhibhidla bona,

Bathi niphuph' elenyongo, kanti kuphupha bona,

Ngoba namuhla, siyakleza, siyanompela,

Ngenxa yemizamo nokuzidela kwenu,

Nabukela phambili nayibon' inhlansi,

Laph' abanye bebukela phansi kwezinyawo,

Nginichom' olegwalagwal'uphaphe.

Amagam' enu ayoqoshw' emlandweni,

Imiqulu ngemiqul' iyoshicilelwa ngani,

Izizukulwane ngezizukulwane ziyokwazi ngani,

Izichuse zenu ziyolihlobisa lonk' eloMzansi,

Ziyosal' emagceken' akwaNqondonkulu.

Izizukulwane zokhalo lwenu ziyozishaya' ongeklane ngani

Izigi zenu zizwakale kude le!

10. Zajik' izinto

Usuk' emsamo way' emnyango,

Wasuk' emnyango wayemsamo,

Uficwe kab' engalindele,

Uth' ethi phapha kwabe sekungumlando,

Zajik' izinto.

Owayekad' ethe kuyohlala kunjalo ngubani?

Wakukhohlisa, wazikhohlisa

Wehlulwe wukubuka kude,

Weswel' izibuk' ezikhanyayo

Zijiki' izinto.

Zajika kahle ngakimi, zajika kabi ngakuye.

Ngisemsamo ngikhomba ngophakathi,

Usemnyang' ucosh' imvuthuluka

Ukujabula kuyashintshana

Zajik' izinto!

11. Umsamo

Kuthe kanti bengithi lilumbo labaphezulu,

Zashaya phansi ngelenkonkoni,

Zafunga zathi; Yilo kany' ilumbo,

Kuphele nj' akulon' elabaphezulu, ngelabaphansi

Konakel' emsamo, konakel' ekomkhulu lekhaya,

Konakel' isiphethu sokuphila kwakho

Umsam' uyabhekelwa.

Kuthe ngisakhungathekile, zaqhuba zathi;

Yilelo labaleleyo bakini,

Ulunjwa ngoyihlomkhulu kanye,

Uyophiliswa ngoyihlomkhulu kanye,

Zaqhuba zathimula zathi

Bath' oyihlomkhulu bekubhekile, wen' ubalibele,

Umsam' uyabhekelwa.

Ikhubal' uyolidl' udele,

Ingeg' iyokudebez' udele,

Ukwelapheka kona, soze.

Inyanga nekhubalo lakho kusemsamo,

Inyanga yakh' uyihlomkhulu,

Ikhubalo lakho yimpepho yakwenu,

Umsam' uyabhekelwa.

Ngen' esibayen' ukhulume nawoyihlomkhulu,

Iy' ezalen' ukhulume nawonyokokhulu,

Khuphukel' endlini yangasenhl' ushis' impepho,

Babize bonke ngokwelamana kwabo,

Nakanjan' uyoba ngolaphekile,

Ulapheke ngokuyikho,

Umsam' uyabhekelwa.

12. Unembeza

Inhliziy' enecala soze yaphumula,

Inhliziy' enecala'ayinakh' ukuthula,

Udl' imihlathi kodw' unembez' uyakulahla,

Impela sasingekho thin' asikubonanga,

Kodw' unembeza wayekhona, wakubona.

Zikhulul' ebugqilini, hlanz' iqiniso.

Kuyoze kube yinini uyisiqgila sikanembeza?

Uhlek' inhlinin' Injabulo yakh' ayiphelele,

Kuvuk' imizuz' ivus' iminjunju

Unembez' uyakulahla.

Kuyoze kube yinini usemakhamandeleni?

Zikhulul' usikhulule nathi,

Kuyoze kube yinini uqashwe yiphoyisa?

Lalikhona, lisekhona lisazobakhona

Inqobo nje um' ungalimel' iqiniso.

Usuphenduke waba ngumboqo

Umzwangedwa neminjunju kuyakudla,

Ungafung' ukuth' ukudl' awusakwazi,

Uyadl' awudleli ndawo

Unembez' uyakulahla.

13. Fel' okwakhe

Siphila kwelimagad' ahlabayo,

Sihamba sethuk' izanya,

Ngethuka ngingone lutho,

Ngethukel' ukoniwa,

Ngoniwel' okwami kwezithukuthuku

Imizamo yam' isingidonsel' amanzi ngomsele

Wafa! Fel' okwakhe!

Bebehlezi besong' izandla

Bebengihlek' usulu.

Bebengakhohliwe kukhon' isipikil' esishodayo,

Bebezibuz' ukuthi ngiyophelela kuphi

Sebeyabon' ukuthi ngingubani ngiphelela kuphi

Sengiyiyisitha, sengiyinyamazane

Sengifel' imizamo yami.

Sengibizwa ngonontanda kubukw' onjengesakabuli

Sengiphenduk' isway' etiyeni

Bathi ngingumagiy' azithethe

Phinde ngiyalandula!

Angizithethi ngithethwa yimizamo yami

Ngiphila kwafel' ubala

Ngizofa ngifel' ukwenza kwam' okuhle.

14. Guqa badele, Mveli

Akothi lapho sengifulathela

Ungembes' esikwe yathungwa ngezakh' uqobo,

EyakwaMhlab' ayiseyukungilingana.

Ngithunqisele ngekamoy' impepho,

EyakwaMhlab' ayisangifanele.

Angemukelwe ngenhlokom' ekhayakhulu,

Guqa badele, Mveli

Ngibhile ngamafuth' ekhethelo,

Nginokolote ngomnokolot' oyiwo,

Umnokoloto wokunqoba,

Umnokoloto wokusus' okomhlaba,

Insila yakwaMhlab' ingesuswe muntu

Ngaphandle kwesakh' isandla.

Guqa badele, Mveli

AbakwaMhlaba bangingcolisile,

Konk' okuthintwa yibo kuyangcola,

Bayigezil' inyam' umoy' ubehlule,

Uyohlanzwa yisandl' esikhethekile,

Mangingen' emagceken' ekhaya ngingenasici.

Ungangibaleli, ngithethelele bengingazi,

Guqa badele, mveli.

15. Yinye inhloso

Nakub' izikhathi zingafani,

Bobabili babizelw' inhlos' eyodwa.

Bobabili bazohamb' izigab' ezifanayo

Lona wabizelw' indodana, lowa wabizelw' uyise,

Inhlos' ukwakh' ikhay' elilodwa.

Nsuku zaphum' omuny' usemqaleni womunye,

Kungabe yikho yin' enanikuhlosile?

Zingehluk' izikhath' enafika ngazo,

Ingehlukh' imikhay' enaphuma kuyo,

Keph' iziyalo nenhloso kuyefana.

Nibekelw' ukugijim' ibang' elifanayo,

Osuke kuqal' anikezele komunye

Laph' ephelamandla khona

Ze! Aqhubeke nebanga.

Bekufanel' ukuba ninikan' amacebo,

Amaceb' okuliqhubezela phambil' ikhaya.

Keph' okuqgamil' ukudicilelana phansi.

Kakunilungel' ukufihlelan' induk' emqubeni.

Hlalani phansi mama nomakoti nibonisane,

Mama khomb' indlela, makoti buz' indlela.

Khumbulan' inhlos' ukwakh' ikhaya.

Kuyoba yini mam' ukub' uhambe nolwazi,

Ulwaz' obeluyothuthukis' ikhaya,

Kuyoba yini makot' uku' usal' untula,

Untul' ulwaz' obeluyokwakhel' izizukulwane

Nazo zakhele phezu kwalo.

Inhloso yenu yiny' ukwakh' ikhaya,

Hlalani ngokuthula nokubambisana.

16. Kuwe Mveli

Ngiyakhuleka, kuwe Mveli,

Mveli ngisibekele ngamaphik' akho,

Nom' abakwaMhlaba bengizungeza,

Bengizungeza ngezinkemba ngingenacala,

Kangoni muntu kodwa bayangizungeza,

Yiba nesihawu kimi nokhalo lwami.

Icala kangilaz' icala kanginalo,

Amatheb' am' akuwe Mveli.

Mveli, yiba yisihlangu sam' zikhathi zonke.

Lapho ngiphum' inqin' ukuba nginakekele

Abokhalo lwami, yiba nami zikhath' zonke.

Lapho ngihamba phakathi kwabezizwe,

Amehl' abo mawabe nesihawu kimi.

Yiba wudondolo lwam' ukungihola,

Yiba yisihluthulelo sedokodo lami ngokuhlwa

Ngokub' esikhandwe yizandla zomuntu siyize.

Yiba yisiphephelo sabokhalo lwami

Lapho mina ngingekh' eduze kwabo,

Ukuba ngibavikele kwabanonya,

Basibekele bab' ezitheni zenyam' engenacala,

Ugqayinyang' ubengabaqapha keph' ubuthaka,

Ugqayinyang' uzokozel' alale

Kuwe Mvel' amathemb' am' amile.

Kuwe Mvel' amathemb' am' aphelele.

17. Kufa

Kukaningi ngizwa bekubuz' umbuz' ofanayo.

Sekukaningi ngizwa bekubuz' umbuz' ongenampendulo,

Ubuzwe ngabafundisi, wabuzwa ngabashumayeli,

Waphinda wabuzwa ngabalili beqhamuka nxa zonke

Kufa luph' udosi lwakho na?

Nami ngifis' ukukubuz' owam' umbuzo,

Angikhathal' uyaphendula nom' awuphenduli.

Kufa! Anhloboni amehlo akho na?

Uny' onalo luth' angith' afuze awenyoka,

Yon' ibhek' umunt' ingachoyiz' ib' izogadla.

Kudel' owaz' ihlo lakho'

Laph' usubhekene nalow' osuk' usumkhombile.

Kaz' uyamexwayisa nom' uvel' ugadle?

Kodw' elokuth' uyisela lisho khon' ukuth'
awunasexwayiso

Uthatha ngozipho kuhle kukaklebe.

Kaz' unamadlebe nom' izindlebe?

Noma yikuphi kwalokh' umbuz' uthi,

Kuyaye kuthini laph' uzw' izilil' ezahlukene?

Ezabadala bekhala ngabathandiweyo babo,

Ezabancane bekhala ngabazali babo.

Kufa! Awunamahloni!

18. Mangigcwaliswe

Ngithululule min' ubumina

Ukuze ngigcwaliswe ngobuwena.

Mangingazifunel' okwami keph' okwakho,

Kuyilapho khon' inhloso yakho ngam' iyofezeka.

Kuyilapho khon' imikhuleko yam' iyokuba yiyo.

Bukhul' ubungoz' uma ngihamba ngobumina.

Okwami kungaba nobungayiw' ubungozi.

Intando yakho mayenziwe.

19. Goli manyala

Goli manyal' ubagwinya begoloza,

Beth' angisoze ngalibala yilapho ngiphuma khona.

Kub' azibanizil' izibani zedolobh' elikhulu,

Kuse ngokuny' abakukhulum' izolo sekushintshile,

Ubeyin' uThembeni kuLizzy

Njengob' egcwel' umadilik' ebusweni

Njengob' ebophana nezinyanda

Njengob' evuthel' umlil' exhibeni

Qed' amehl' abe bomvu wen' owabon' isiklwe

Njengob' enuk' intuthu kube sengath' uliziko

Njengob' elukana nekhanda

Ingan' uLizzy uzibhixa ngomaskhara

Qed' afuz' unodoli

Ingan' uLizzy uciphiz' impukane kukhanye

Ingan' uLizzy ubophel' imisila yamahhashi

Kwelakh' ikhanda.

20. Marikana

Yinyanga kaNcwaba lapho khona

Yonk' imvel' ifanel' ibe ncwaba,

Ngokunjalo nabantu kufanele babe ncwaba.

Ngiyababon' abasebenzi baklelile,

Beqaqel' intab' iMarikana,

Baklelel' umhlomulo wemijuluko yabo,

Mhlomulo low' ozobenza bona,

Nabathandiweyo babo babencwaba.

Nokh' isikhwili siphambana nobhoko,

Ibhekene ngeziqu zamehl' ubuso buhwaqabele,

Makhathaleni yaqhum' induku yamavaka,

Qed' itsh' elincane ladl' abantu.

Imilomo yezinsizwa yaqabul' umhlabathi,

Intaba yembath' izinsizwa,

Zalal' umlalela wafuthi zingazelele,

Ezisamile zaphefumul' umsiz' oyimbanga lusizi.

Saqhuma isililo, qede kwananel' uMzansi wonkana,

Izizwe zonke zisizwil' isilil' esiqhume nkalo zonkana,

Ngomzuzwan' abaqaphi bemizi yabanumzane baphenduk' abafelokazi,

Abantwana babanumzane baphenduk' imitshing' ibethwa ngobani,

Izihlath' ebezinethemba lokwenziwa ncwaba sezigwaliswe ngendumalo,

Laph' abanumzane sebebalwa nabangasekho,

Marikana angisoze ngakulibala!

21. Maye kwabezayo!

Sengikhalel' abezay' okwami kudlulile,

Ayibamb' amadelakufa ngelikhul' ithemba,

Bayibamb' abafo nabafokazana benethemba,

Ithemba kwakungelekusas' elingcono kuwonkewonke

Bendlal' impilo yab' ukuze ibe yisisekelo,

Sisekelo les' okwakuyo kwakhiwa phezu kwaso

Kuyikho yini kanti lokh' abakwendlalela?

Pho, kusakhunjulwa kambe kon' okwakuhlosiwe?

Ikusasa sekungelabakhonjwe ngomunwe,

Awu! Impel' ithemba kalibulali, kungenjalo

Ngabe mina nabaningi kasisekho.

Kambe khon' uma ngithi sikhona, sikhona nani?

Sikhona nezis' ezingenalutho,

Singumtshing' ubethwa ngubani.

Ngikhalel' abazali babatwan' ababa wumhlatshelo,

43

Igazi lab' elaphalal' ukunisel' isihlahla senkululeko.

Isililo sabo besiyophenduk' injabul' uma ngab' izithelo

Zalesisihlahla beziyofinyelel' emilonyeni kawonkewonke.

Pho, yon' eyabo sake sayithi mbibi? Phinde!

Kuphel' iminjunj' ivuselelwa nsuku zaphuma,

Ivuselelwa yilab' abasebenzis' amabiz' alamaqhawe,

Lapho bekhankasa ngamagam' alamaqhawe.

Bamemeza ngokungakhathali bethi,

Siyobe simcekele phans' usibaniban' uma sigudluk' enhlanganweni.

Bazilibal' ukuba bona kanye bagudlukil' emgomeni weningi.

22. Nkondlo

Nkondl...............mduduzi

Ukujiya kolimi lwakho kujulile,

Umphefumulo wami wenanele qede waklaba,

Nengqondo yami yajula yajubalala,

Yantantalaza kwezikude izinkalo, nganinga angaqeda.

Nkondlo kushaya kwenhliziyo yami

Laph' uhaq' imicabango yami,

Sengiphila kwelamehlo kamoya,

Ngibona ngamehl' amsulw' acwebile,

Ingqondo yam' itshakadul' ezinkalwen' okwenkonyane,

Liqeda kuncela kunina.

Nkondlo mbuyisi wethemba!

Unjengomjov' emithanjeni yesigul' esifayo,

Ugijima negazi qede kudikiz' imithambo'

Uvuselele yonk' imizw' ebisifile.

Unjengensik' endlin' ewayo.

Nkondlo! Nqolobane yami

Kuwe ngikhweza konk' okuligugu kimi,

Abezay' abayikungifica mina siqu,

Kodwa kuwe bayongifica, bangibone, bangikhulumise.

Izwi lami nomfanekiso wami kuyosala kuwe,

Uze ubalandise ngami.

23. Zingqwele namaqhikiza

Zinqwele namaqhikiza nikuph' uma kunje?

Nginimemez' anasabela, nikuphi kulomzuzu,

Umzuz' odinga nin' uqob' isizwe siyacwila,

Sicwilisw' ukweswel' amakhombandlela aqotho,

Ubuqotho benu buyadingek' isikhala senu sikhulu.

Azibuy' ekulahleken' asivus' okwethu,

Uma kungenjalo liyobuswa ngamankengana,

Ikusasa lokhalo lwethu kalikho ndawo,

Amathemb' ami wonke sengiwabeke kini.

Ngaphandle kwenu' bantwana bethu

Bafana nezinqol' ezingenakhanda,

Bayanhlanhlatha, ningangizwa kabi,

Kangiqondil' ukuthi umsebenzi wobuzali usehlule,

Keph' igxalaba lenu liyadingeka.

Ningamehl' ethu kwesingakubonanga,

Niyizindlebe zethu kwesingakuzwanga,

Abatwana bethu bawukudla kwamankentshane,

Izidakamizwa nocansi olungaphephile kubaqedile.

24. Qhude manikiniki

Amaqhud' ayeqana, yilelo nalelo likhiph' amangwevu,

Umakhonya phakathi kwaw' angimboni,

Yilelo nalelo lizishay' ungeklana,

Libhul' amaphiko phezu kwamanye,

Lizibabaza ukuba nabalandel' abangayiwa.

Ngizibuz' imibuz' engenampendulo,

Kanti lungobani loludaba?

Kungabe lungomuntu noma lungabantu?

Yin' okuphokophelelwe?

Waqhamuk' ofun' umhlab' evath' ezalowombala,

Wavel' ofun' amalungel' angathi shu nay' evath' ezakhe.

Ukhulume wakhihlliz' amagweb' ebayenga,

Bamkholiwe bamenyula qede wadeda,

Wahambela kud' okwelanga lasebusika.

Basale bebamb' amaqub' inyon' iphunyukile.

Ngizibuz' imibuz' engenampendulo,

Kungani kungakhulunywa ngazwi linye?

Zehlukene yini kant' izinhloso?

25. Ulwazi

Nanxa lungenambala nasimo,

Kepha luyokubek' ebalazweni,

Luyokuba nawe ngazikhathi zonke,

Lingumngan' othembekile,

Lingumngan' oqoth' aluyukukushiya.

Alunantang' alunamngani, luthembekile,

Awunalwazi ngokwakusasa, lona luzokukhanyisela.

Lubamb' ulibambisise ungaludedeli,

Liyifa langunaphakade.

Bangakubamb' inkunzi

Bakwephuce konk' okwakho

Kodwa lona soze baluthathe

Lubamb' ulubambisise!

26. Mzansi

Pho sengingaphenduk' umtshing' ubethwa ngubani?

Pho sengingaphenduk' umhambum' uqobo?

Pho sengingaze ngilahlisw' okwenyongo yenyathi?

Ngehle ngenyuke nemithwalo pho?

Konke belu ngelokuthi kanginaluth' esandleni?

Ingani nendl' uqob' inendawo

Yakhelwa egcekeni linye nomniniyo.

Ngingumnsinsi waseMzansi,

Ngiyimpande yaseMzansi,

Mzansi ngingowakho ngifukamele.

Inyok' uqobo nakuba yaziwa ngesihluku

Kodw' iyawafukamel' amaqand' ayo.

Wena wangishay' indiva,

Ziph' izinseka zakho na?

Sengize ngaba nesibibithwane yisililo,

Isililo semihla ngemihla,

Nokho siwel' ezindleben' ezimagqinsi.

Sengize ngavuvukal' amaqupha ngimile ngingqongqoza,

Kepha luth' ukuvulelwa.

Mzansi ngingowakho ngigone.

Mzansi kangikhalel' okwabanye,

Angiqond' ukwemuka muntu lutho,

Nginxus' ithuba lokubonakalis' okwami.

Ngikhalel' ithuba lokuland' obam' ubulanda.

Ngikhulekel' ithuba lokupheth' imbeng' engiyiqalile.

Nxa ungikhafula ngiyophenduk' ize leze,

Impokophelo yami' iyophelel' ezeni.

Ngaphenduka ngafana namakhovula,

Mhlawumbe naw' angcono ngob' uma

Umniniw' eligcokam' uwasula qede

Agoqe lokh' abe sula ngakho ngobunono

Ngaphambi kokub' akuntshinge.

Mzansi ngingowakho nginik' ithuba,

Mzansi ngingowakho ngilalele.

27. Kwelezincithabuchopho

Amehl' awaphathelani,

Waphuthelwa wen' ongekho lapha,

Ububhudubhud' izinyathuko ziyaphambana.

Babodw' abangenayo, babodw' abaphumayo,

Baqhamuka nkalo zonkana, baphikelela nkalo zonkana,

Kusesizindeni sokucobelelana ngolwazi,

Kuhlangen' izincithabuchopho.

Kubo lab' omuny' uyakhononda,

Omuny' uyamamatheka.

Kusetshenzwa ngesikhath' Isikhathi siyinkece,

Okhononday' ukhononda ngokuthi sincane,

Sezimshiyile eziy' encemeni,

Iqoma lakhe liyasisitheka kuyilaph' incang' isimayile.

Omamathekay' usibambil' isikhathi,

Uthezel' ezinkophen' okomlobokaz' omusha,

Kungensuku zatshwal' uzohlomula,

Uzoyikazel' achonyw' olwegwalagwala.

Khona laph' omuny' ukhulekel' ukuntongel' eshungwini lomunye,

Kuyilapho low' omuny' engumagay' azidlele,

Ugabe ngelokuth' imbongol' idl' emthwalweni wayo.

Kukho konk' ungalokoth' udikibale,

Nom' abanye bengancama bahlehle

Okwezishimane zeyiswa yintombi,

Phikelel' uphindelela njengebhekezansi,

Lingisa won' amasok' angapheli moya,

Ayizungeza ngozulazayithole'

Qed' ibhale phansi ngobhozo

Ithi Oh! Oh! Oh! Angani ngishilo.

28. Izwe ngelethu

Ziqgaje mntonsundu, zigqaje ngobuntu,

Ubuntu bungobakh' ubunyoka bungobabo.

Bafika befukuzela nemithwalo,

Ngobuntu bakho wabemukela wabafukamela.

Wabakhomb' amanxiwa, kwasa bakukhomba
ngezibhamu,

Qede bakukhomb' indlela kwelakho lenkaba,

Bakukhombisa bona kanye ubunyoka.

Ingan' uyific' igodol' uyifudumeze qed' ikuqhoboze.

Izwe ngelethu!

Zigqaje mntonsundu, zigqaje ngothando,

Uthando lungolwakho, inzond' iyifa labo.

Sabanikez' uthando nemfudumalo, qede basibuk'
ubuwula,

Kwasa basabel' inzondo nony' olungayiwa.

Basidabula phakath' isisu somfazi,

Balehlukanisa phakath' isende lendoda.

Izwe ngelethu!

Ziqhenye ngobumban' ubumbano lokungazenzisi.

Basithola sinenkonzo yokuhlanganyela sabelane,

Batshal' imbewu yobugov' ubugov' obuyifa labo.

Bengisenga ngisengel' umnewethu,

Bengilima ngilimel' umnewethu,

Besinokwakwethu ngokuhlanganyele,

Basifundis' ukuthi kungokwami ngedwana.

Izwe ngelethu!

29. Azibuye emeveni

Ashonaph' amaqhikiz' akuleli?

Zashonaph' izingqwele zakuleli?

Ishoneph' imikhombandlela?

Bavuseni kubo lab' ababhubhayo,

Babhubha ngokweswel' ulwazi,

Isisho sabadala siyasho sithi:

Indlel' ibuzwa kwabaphambili.

Umhlambi kazelusil' awukaze wabakhona,

Kungenjalo uyodla nokungadliwa.

Kuphulukundlel' esandlen' esifudumele,

Kwaphonsek' esandlen' esihayay' esinoboya,

Kunikele ngesibaya sikayise kus'khotheni,

Okuyengel' ophathe qede wahambela kud' okwelanga lasebusika.

Ngikubone sekuqhub' umkhaba wesandawane,

Kulibangis' emtholampilo kuyodudulana nonin' eheleni,

Lwasho ngengila usana kwampongoloza nakho
kudidekile,

Unina kaNomalungelo!

Umonakal' udalwe yibhoxongwan' elisafund' ukuma,

Kambe lona selabayini?

Ngob' umlom' uyalenga,

Awusahlangan' uvuz' amathe yizidakamizwa,

Liquzwa ngapha nangapha ngamakhehl' ezibayeni,

Libanga naw' izitshodo liwephuc' imboza,

Amehl' ungafung' ukuthi kuphilel' ukuvuthela exhibeni.

Uyise kamfan' uzodlani.

31. Inhlansi yethemba

Thoko lathemb' ummango uyehlela,

Kuyantwel' enzansi kulokoz' inhlansi yethemba.

Liphumil' izwi komkhul' idubukele.

Umthombo wolwazi'usuzogobhoza,

Uzogobhoz' ungakhethi bala,

Uzogobhoz' ungakhethi bulili,

Uzogobhoz' ungakhethi sicebi nasinxibi,

Keph' uzogobhozela wonk' onxaniwe.

Wonk' onobukhon' uvumelekile.

32. Mntanami

Nyathel' ezinyathelweni zami mntanami,

Nyathel' endlelen' enginyathele kuy' iphephile,

Yiba ngumfuzela wami mntanami,

Ungachezuk' endlelen' engikukhulise ngayo,

Yizw' imiyalelo yam' uyigcine,

Nakanjan' uyokuba ngumunt' ebantwini.

Khulum' ulimi lwami mntanami lucwengekile,

Awuyikuzisola ngalokho uyokwemukeleka,

Haya eyam' ingom' izwakala kamtoti.

Ziningi zizohayw' endleleni nakimi kwabanjalo,

Qaphela! Zingafiphalis' ikusas' eliqhakazileyo

Ngiyakunxusa! Gcin' ophume nakh' ekhaya.

Ncel' embeleni wam' ogwansile mntanami,

Ncel' ubis' olungeke nanini lwaphenduk' umlaza,

Ngiqinisekil' nglthi kuw' uma wenze njalo

Nakanjan' uyobalw' namaqhawe.

Ngilubeka phans' udondolo lwami' lucoshe,

Uz' uqaphele lungephukeli kwezakh' izandla.

33. Buyele endaweni yakho

UThixo wakubumba wakubek' esicongweni,

UThixo wakubek' esicongweni sakho konk' okomhlaba,

UThixo wakubeka esicongweni ngokukhul' ukukwethemba.

Konk' okwakwendulelayo kusemi lapho kwabekwa khona

Kodwa wen' ugudlukile kungani?

Buyel' endawen' ekufanele,

Buyel' endaweni yakho yemvelo.

UThixo wakwabel' ubuchopho nobuciko

Obungaphezulu kwazo zonk' eziny' izdalwa.

UThixo wakwabel' esokwengamela,

Wengamele konk' okuphansi komthunzi welanga.

Pho! Uzokwengamela kanjan' uma wehluleka

Ukuzengamela wen' uqobo?

Buyel' endaweni yakho yemvelo.

Zikwethembe kanjan' izilwane nemvelo yonkana?

Akumangaz' iningi lezilwan' uma likubona libaleka,

Awethembekile ngoba naw' awuzethembi.

Yingakh' um' ubon' omuny' ebumnyamen' ubaleka,

Yibo kanye lobok' ubufakazi bokuth' awuzethembi

Buyela laph' uThix' akubeka khona

Buyel' endaweni yakho.

34. Sidakamizwa

Bath' udak' imizwa,

Mina ngith' uyayibulala,

Futh' awubulali yona kuphela nje,

Keph' ubulala nengqondo,

Udlul' ubulal' umunt' uqobo.

Ukub' akunjalo ngabe kasinawo

amathun' angumphumela wakho,

Uyadel' owaziyo laph' owavela khona,

Abantwana babant' abakhuliswa ngethemba

Sebaphenduk' imihambim' amakhay' ekhona,

Abazali bakhal' ezimathonsi,

Ziphelil' izimpahl' endlini,

Abantwana sebephenduk' izimpak' emakhay' abo,

Bancamel' ukulamb' esiswini,

Inqobo nje! Mabedakiwe kuphelile

Isizwe siyalil' isizwe siyabhubha.

35. Iyashinga

Iyashing' ingibuka phans' ingibuka phezulu,

Ifung' iyagomel' ith' ingaman' iqom' inyamazane.

Ngiyihlek' usulu, kuyacac' ayikaz' ilandelwe.

Ngizoyihlwithis' okukaheshan' ehlwith' ichwane,

Ngizobophela ngiphuze ngiphalaze ngiphondle,

Ngizobophel' uvuma omhlophe,

Ngimelekelele ngomfanozacil' umwelela kweliphesheya,

Umathunyw' avume njengempaka,

Ubushinga bayo buzophela.

Nakanjan' ubuqhalaqhala buyoyishiya

Iyoshalaz' ikhophoz' okwencang' imay' amafutha,

Nakanjan' iyophetha ngokungithum' eqhikizeni.

Ngiyofika kulo ngilihleke usulu,

Qede ngilibhule ngaphandle nangaphakathi igqoka lami,

Kwangathi ngiyalibona linyukubala lishikizela,

Lingishiya lithi: ngisayozwisisa kuy' ingane,

Kwangathi ngiyabon' esezithumel' atheza nazo,

Ngalelo langa ngiyobhul' isihlangu sami

Laph' engaqhathwa nazo sezingethuka zingaqedi.

Ziyothi mazingethuka zisho kanjena:

Dlala qgam pelepel mehlo akahlangani nakalova,

Ngalo zinde zincane zingange zephela

Phuz' shiye mnumzane ushiyel' abendawo

Chakide kasomgcololo

Umphephethi wezinduku zabafo nabafokazana,

Love more isikibha sikamahlalela,

Wangilaya nondindwa wabopha kabi

Wabopha iqakala kanti ukufa kungenhla kwedolo,

Ubushinga bayo buyobe sebuyishiyile.

36. Isivivane

Phosa esivivaneni ufakazise ubukhona bakho,

Phosa esivivaneni ubeke umyocu wakho,

Fakazisa ukuthi nebala lenyathuko uyinyathelile

Phokophelela phambili, phokophelela ungaphezi

Phokophelela ulingise ibhekezansi

Lon' okuthi nom' izinja zivimb' ezansi

Lona lith' angiyi phezulu kodwa ngiy' ezansi.

Lapho khon' abanye bephel' amandla wena phokophelela.

Yedlulil' iminyaka lapho khon' isivivane kwakungesamatshe

Lesi yisikhathi sesivivane semiqulu

Lesi yisikhathi sesivivane solwazi lwezazi

Phosa esivivaneni sikaNomfundo

UNomfundo uzozala uNolwazi

UNolwazi ozozala uNompumelelo.

Ukuze uthi lapho sewedlule

Ujeqeze emuva ngokuziqhenya

Ukhombe elakho igalelo esivivaneni

Galelo lelo oyokhunjulwa uvuzwe ngalo.

37. Umthetho uyavuma

Dlala mntwan' umtheth' uyavuma,

Ilungele lingelakho

Mtshel' emehlwen' umzal' ukuth' uyabhema

Mtshel' emehlwen' umzal' ukuth' uy' esokeni

Mtshele' emhlweni umzal' ukuth' usayodl' ubusha bakho

Ngek' akwenze luth' ilungelo ngelakho

Ngek' akwenze lutho wesab' ijele

Umtheth' uvuna wena!

Uzolal' ebaliwe

Wen' uzosal' uzibusa

Mtshel' emehlwen' uthisha

Ukuth' umsebenzi wakhe ngek' uwenze

Ngeke nay' akwenze lutho

Umtheth' uyavuma

Uzolal' ebaliwe.

38. Isilokozane

Isilil' asipheli kwabathandiweyo bakho,

Abazukulu bakho basabuza namanj' ukuthi

Kanti waya ngaphi lapho kungabuyeki khona

Isiceph' obuhlala kuso namanje sisakulindile

Uhlaka lwakho lokulala namanje lusenjalo

Nezinkukhu zakho namanj' azidel' ukukuqalaza

Noma ziphoselwa ngaphambi kokucosha

Ziphos' amehlo phezulu zifun' ubuso bakho

Lala ngokuthula

Lala ngoxolo

Ube yithong' elihle!

39. Utalagu

Ngigijime cishe ngahlanz' udenda

Ngithi ngiyafika ngingafiki,

Kuthe lapho ngithi mathath' amagxath' asele

Kanti ngiyazikhohlisa

Lwaya ngokuqhel' utalagu

Ukushisa kwazinik' amandla

Ngithe sengiyiphethe kant' lutho

Ngithe sengiyibambile kanti ngibamb' amaqubu

Kugcine ngokucac' ukuthi ngizingel' ukhozi ngezinja

Ngizizwe ngayinye ngayinye zikhala

Zipaklazek' emaweni zingasenakubuya

Okulandelayo yim' uqobo

Nhliziyo yami dela

Awusoze walufic' utalagu!

40. Phansi isibhamu

Phansi ngenduku yamagwala,

Bekuyin' ukuth' ungicel' udede

Bekuyin' ukuth' ungicel' inselele,

Linda sibe semgangelen' uvez' ubuqhawe bakho,

Uzishay' ungeklane ngobunsizwa bamanga,

Phans' isibhamu!

Bengingawuthokozel' umgangela,

Lapho khon' izonikizana kucace,

Inikizan' idlan' imilala kucace

Inukiselane ngekhwaph' ontanga bephelele

Qede basinikez' izibongo

Kub' ongaphansi nongaphezulu

Kucac' ukuth' iyiph' ezogob' uphondo,

Phansi ngenduku yamagwala!

41. Themb'itshe

Thembitshe kunokwethemba owakwaMhlaba,

Ithemb' alibulali, yimin' ufakazi, yithin' ofakazi,

Kungenjalo ngab' umuzi kababamkhul' awusekho,

Umuzi wonk' ubunelikhul' ithemba.

Yilowo nalow' ubesakhil' isithombe sakh' engqondweni

Liphumil' iqhin' embizeni

Izwi nelanga bese liphumile

Bese ngimbikel' ubaba,

Nay' ubesenethemba ngabazukulu

Enethemba ngokuthi ngizomakhel' umuzi

Ubesezikhombil' esiyomemeza ngazo

Unqaba yembube wangapheshey' ubesemingomumo

Ingani nguye kany' obehlonzelw' ukuyocikoza
esangweni

Inhliziyo yakh' isimkhomb' engxenye!

Nezalukazi zomndeni bese zazisiwe

Nazo bezinethemb' elikhulu

Bezinethemba ngomunt' oyozigayel' iyambazi

Ngamehl' engqondo bese zimbonil' enyathel' emabaleni

Amagam' abazukulu bese ziwaqophile

Ithemb' alibulali, kungenjalo,

Ngab' ikhaya likababamkhulu selimil' imbuya!

42. Sezihuba sakusha

Sezihuba sakusha,

Umkhwezel' usehosh' izikhuni

Seliya ngomutsha wendod' imihl' isibaliwe,

Imbeng' ebengiyithung' isiyaphethwa

Konk' okuhl' ebengaziwa ngakho sekungumlando,

Koxoxelway' ongabonanga kuyinsumansuman' uqobo

Unokuf' uphumile nesikela lakhe

Unikezw' umyalelo wokub' avune konk' osekomile

Kungebe namhlanje noma ngomhlomunye

Kodw' akusensuku zatshwala ngibe sesibalweni

Liphumil' izw' alibuyel' emuva

Ngizw' amadol' exega kakhulu kunakuqala

Ngizw' isifuba sigubhazela

Angesabi kon' ukufa

Ngesaba lokh' engingakwazi

Ngesab' okungale kokufa

Akekh' oseke wanyonyoba wazosibikela ngokungale.

43. Thela wayeka

Zigelez' ungogeleza

Zivela nhlazonke ziya nhlazonke

Uthela wayeka wagwaqo

Ziyizinhlobonhlobo

Zincan' zinkulu

Zinde, zimfushane

Umshayel' uyidedela kube sengath' ayiseyukuma

Uyedw' othwele izmpahla

Uyedw' othwel' imiphefumulo.

Bayamthethisa basho lokhu nalokhuya,

Uyedw' othethiselw' ukunyonyoba;

Ngijahile min' iskhathi siyangishiya

Kufuneka ngibe semsebenzini

Uyedw' othethiselw' ukundiza;

Ubocabanga phel' ukuth' upheth' imiphefumulo

Ucabang' ukuthi yibhanoyi yini kanti leli?

Sinabantwan' asifun' ukufa sibashiye besebancane.

44. Kukwamayithanqaze

Liqhuma phezul' igilamhlolo

Babodw' abashay' ivosho

Babodw' abashay' ineyineyi

Babodw' abashay' igwaragwara.

Ubuxokoxoko bamazw' ehlukene

Awodw' answininizayo,

Awodw' abhodlayo

Ungafung' ukuthi kusemqhudelwaneni.

Kukwamayithanqaz' akekh' onak' omunye!

Adla lub' amanzi kagesi

Amataful' ahlobe ngamabhodlel' amibalabala

Amany' aluhlaz' utshan' amany' ansundu

Okuqukethwe kunye, nomphumela wakho munye

Low' asemngene kahle uzwakal' esekhulumela phezulu

Low' asemngene ngokweqil' usendwazile

Abesimame balapha bayazithanqaza

Abesilisa balapha bayazithanqaza

Umus' uvimbanis' indlu yonke

Ungafung' ukuthi kusexhibeni

Kukwamayithanqaz' akekh' onendaba nomunye.

Nangeyophuma ngesango

Imilenz' isiyaphambana

Nab' ezithendeni zakhe

Bamnamatha kuhle kwezinyosi

Imilenzana yabheka phezulu

Wayedw' ophuthum' amaphakethe

Wayedw' ophuthum' esihlakaleni sewashi

Wahamb' umakhalekhukhwini yahamba nemali

Kukwamayithanqaza yilowo nalow' ubhek' ezakhe.

Emhoshanen' obude buduze

Kuzwakal' izwi lowesimame

Kuzwakal' isikhalo sokucel' usizo

Bafikil' abangenanembeza nabangenankathalo

Bashay' ujenga bahlome bayizingovolo

Bayazenzela kuloyamhlab' ongenzansi

Uyokhal' uzithulise nkosazana

Isikhal' sakho siwel' ezindleben' ezinovolo

Kukwamayithanqaze laph' ixoxo nexoxo liyazigxumela!

45. Ngingowethonga

Umzimba wam' ubolekiswe kwabezwe

Umphefumulo wam' ubolekiswe kwabezwe

Iqiniso ngavel' emathongeni

Inhloso yamathong' akuqhub' umliba

Ngingumfuzela wethonga lami

Nakanjani ngiyobuyel' emathongeni

Ngingowethonga ngiyedlula.

Amathong' ami ngothi lwawo

Ak' alinyathel' elimagade,

Ak' aguq' emsam' amemez' oyisemkhulu.

Nami ngiyobathumel' aboyoqhub' umliba

Nami ngiyoguqelwa ngimenyezwe.

Ngiyobe sengizicabel' esam' isikhundla

Ngingowethonga ngiyedlula.

Nin' abolibo lwami

Akoth' uma ngilandulela leli

Niqond' ukuth' anilahlekelwe kepha nizuzile

Niyokube nizuz' ukumemez' enike nambona

Ningababuz' obabamkhul' ukungibiza kwabo

Kusasa yimin' engiyobiz' asebefanel' elamathonga

Sonke singabethonga siyedlula!

46. Ishungu lami

Ngakuvulel' elam' ishungu

Ukuba sicobelelane,

Kant' angibuzang' elangeni.

Wen' uthi lala lulaza

Ngempela wangengula

Wabhema wakholwa qede wafulathela

Sesaphenduk' ikati negundwane,

Sesaphenduk' ubusika nehlobo,

Elam' ishungu kalethekeli!

Umlungis' uzithel' isisil' isibili.

Ngiyafung' usheshe waqhosha

Ngineqiniso nakanjan' usazongidinga

Ziyohamba ziyim' emthumeni

Kuyilaph' elam' ishungu liyohlale lichichima

Ngingumful' ongashi

Ngicaphuna kusale

Nginemiphefumul' eyisishiyagalolunye
Elam' ishungu lizal' ugwayi!

Umvundla ziyowunqanda phambili

Kuyokuqoq' ukuhlwa

Abadala bathi isihlahl' asincoliswa

Amanzi laph' ake ama khon' aphind' ame

Hamba juba bayokuchutha phambili

Angikuqalekisi kodwa ngiyakwexwayisa

Angikubaleli kodwa ngiyakukhumbuza

Nakanjan' usazongidinga

Ishungu lakho liyohamba lome.

47. Lowo mnkenenezo

Washo lowo mnkenenezo

Usho qede kugijim' ingqondo

Igabadule emadlelweni aluhlaza

Yonke into iphenduka ibe yintsha

Inhliziyo yami igidagida ngelikhulu ivuso

Lo mnkenenezo uvuselela konke okufile

Usho maqede kuthule kunanele yonke into

Izinyoni zimis' eyaz' iminkenenezo zilalele

Usho qede kugijim' igazi

Usho qede ngibuyelwe lithemba lokuphila

Ingani vele wangilethel' ithemba lami

Usho qede inhliziyo yami iklabe ithakase

Kuyo yonk' esengake ngayizwa lon' ungokhethekile

Ukhetheke ngoba yiwo kanye engakhetha ngawo

Sashaya kancane sibambene ngocikicane sibheke

Ephuluphithi lapho ayelinde khona umfundisi

Kwathi lapho sifika phambi komfundisi,

Ngamuthi klabe ngeso wamamatheka

Nami ngamamatheka

Yehla imikikizo kodwa lomnkenenezo wona waqhubeka

Walobeka enhliziyweni kanjalo nase ngqondweni yami

Walobeka unomphelo kawusoze wacisha nanini.

48. Isilokozane sekhehla

Akukho sihlahla saguga namagxol' aso

Wo, hhe! Guga mzimba sala nhliziyo

Usal' ubalisa ngeminjunju

Usal' uziland' ezakwalandandaba

Sengaba ngumlutha wexhegu

Sengaba nentam' elengay' okofudu

Ngiseyinto yani?

Yek' imihl' eseyadlula

Ngake ngaba wusuka sambe wensizwa

Ngake ngaba wumdondoshiya wensizwa

Ngake ngaligaxa lahlal' ibhulukw' okhalweni

Ngake ngedlula zangilandelisa ngamehl' izintokazi

Ngake ngakhuzela kwezwakala

Ngake ngalandel' izigi zami zezwakala.

Wamuhle mhlaba sengigoduka

Uyadela wena bhung' elisha

Wen' osakhuzela kuzwakale

Hhawu! Okwami sengakhonkotha bulala

Sekwasal' iminjunju nje kuphela

Okwenyos' engasenaludosi

Lasho ngamehl' alokozayo!

Lasho ngezwi elihhedlezelayo ikhehla!

49. Sina uzibethele!

Idubukele, sin' uzibethele!

Iyivela kancan' ayinansim' ayilinywa

Ingeyomniniy' um' isahamba

Ingaba sezitheben' ingeyebandla,

Qaphel' abanye bethu abanamazinyo

Qob' agwinyekayo, nokho ungayivithizi

Elokuqala liy' emlonyen' khiph' ubuthi

Ayilind' umniniyo lena,

Umniniy' uzocosh' amaqatha njengathi

Igangil' amabil' ashaya khona

Ivimbe nans' ikhokhob' isinomquba

Qaphel' ungayibuyisel' esithebeni

Isingeyokunqakwa ngabephaphu

Ogangeni lwesibaya,

Qaphela, woth' ungaqed' ungayigezi

Isulele phansi kwezinyawo

Nakanjani nangomus' uyoyifica

Sin' uzibethel' idubukele!

50. Ngokhohlwa ngifile

Wangethwes' umthwalo

Umthwal' onzim' ukwedlul' idwala

Wangevathis' ethungwe ngensimbi

Lashis' ilanga nayo yenanela

Laband' izulu nayo yaqand' okweqhwa

Konke ngaphandle kuka nxa!

Ngokhohlwa ngifile!

Wangabel' isabelo sokwethekela

Wangiqophel' iliba ngiphila

Uyadel' owaz' ukhal' owavundla kulona

Ngiqinisile yilo kany' olwavundl' inyoka

Yingakh' umlomo wakh' ukhaful' ukufa

Yingakh' ulimi lwakho lumbaxa mbili

Impela ngisasho, ngiyokhohlwa ngifile!

Wanyathela waze waqhiyama waqhenya

Akwadikiza nanqulu

Awanganyakaza nakancan' unembeza wakho

Walala wahonqa waphupha

Wavuka wazishay' ungeklane

Akukho zinyane lemvubu ladliwa yingwenya kwacweba

Khumbul' imikhomb' iyenanana

Unya lwabasha luyaphindana

Ulibambe lingashoni

Ngiyokhohlwa ngifile!

51. Bayangeya

Bathi ngiyivukana

Mina ngithi ngingumakadebona

Ngiyingqwel' isibili.

Bathi ngiyinkonyane

Mina ngithi ngiyinkunz' emidwayidwa

Mina ngithi ngiyinkunz' emanxebanxeba

Bathi yethuk' isisinga

Mina ngithi kudala ngibekw' amajoka

Ngingunkomo kayifasw' isibili

Bathi ngingumlilo wamaphepha

Mina ngithi ngiyiqubul' uqobo lwalo

Ngiyikloba, ngivuth' ubuhanguhangu

Bathi ngiyifumuka mina ngithi ngiyinqothov' uqobo

Indod' idonsa kabil' ilale amankeyane

Bangithatha kancan' okogwayi wamakhala

Ngithi kangibhenywa!

Nabazamayo badonsa kanye qede bathimule basuze

Bathi ngiyichwane lomdlume

Mina ngithi ngiyindlondl' enophaph' ekhanda

Mina ngithi ngimagilo mathathu kule ndima

Ngiyingunguluzan' ekade beyigunguluza

Bathi ngingumhosha

Mina ngithi ngiyinpolompolo yomfula

Bathi ngiyixhaphozi

Mina ngithi ngingesikamaminzel' isiziba

Bhasobh' ungagwilizi

Lindel' ukudibana nezingwenya kulesi siziba.

52. Kweqana izibiba

Kweqan' izibiba mbhemu,

Ukuthaka ngokuthaka,

Amagxolo ngamagxolo,

Izimpande ngezimpande,

Izilwane ngezilwane.

Okwakh' ukuguq' etsheni

Kakusoze kwafana nokwami,

Wayidl' eningizimu ngayidl' enyakatho,

Ingqwele yakh' ayiwenzang' umsebenzi wayo,

Kuyilaph' eyami yawenza yawenzisisa.

Zibambe ziqine, mus' ukutefa,

Kusesemom' ukuthi ungacel' umaluju,

Vik' uvikisis' um' ungakwenzi lokho

Uzoligez' ikhanda kungenjalo khumuka

Zaw' ezevaka ngahlabana ngigasaqali!

Zangethuk' engelusa nazo

Ngakhethek' esixukwini

Qede ngahambela phezulu.

53. Vusa unembeza

Vusa unembeza wakho

Menze abe ngumhlahlandlela

Uzokwazi ukubuka ngamehlo ayiwo

Uzokwazi ukuthatha izinqumo eziphusile.

Qhela endleleni yeningi

Iningi lizokuphuphuthekisa

Ulahle indlela eqondile kanembeza

Indlela ongenakuzisola ngayo.

Uyakuvuselela njalo unembeza

Akasoze akhomba indlela enameva

Thembela kunembeza ngempilo yakho

Akasoze ashaya eceleni.

Unembeza unobungcwele

Kukho konke beka yena phambili

Impilo yakho iyokuba ngephephile

Ungavumi ukwehlulwa ubumnyama.

Printed in the United States
By Bookmasters